AF450069

AMAR CON LOS
OJOS ABIERTOS

ExLibric

PAULA SILES SELLÉS

AMAR CON LOS OJOS ABIERTOS

EXLIBRIC
ANTEQUERA 2020

AMAR CON LOS OJOS ABIERTOS
© Paula Siles Sellés
© de la imagen de cubiertas: Rocío Rodríguez Ares
Diseño de portada: Dpto. de Diseño Gráfico Exlibric

Iª edición

© ExLibric, 2020.

Editado por: ExLibric
c/ Cueva de Viera, 2, Local 3
Centro Negocios CADI
29200 Antequera (Málaga)
Teléfono: 952 70 60 04
Fax: 952 84 55 03
Correo electrónico: exlibric@exlibric.com
Internet: www.exlibric.com

Reservados todos los derechos de publicación en cualquier idioma.

Según el Código Penal vigente ninguna parte de este o
cualquier otro libro puede ser reproducida, grabada en alguno
de los sistemas de almacenamiento existentes o transmitida
por cualquier procedimiento, ya sea electrónico, mecánico,
reprográfico, magnético o cualquier otro, sin autorización
previa y por escrito de EXLIBRIC;
su contenido está protegido por la Ley vigente que establece
penas de prisión y/o multas a quienes intencionadamente
reprodujeren o plagiaren, en todo o en parte, una obra literaria,
artística o científica.

ISBN: 978-84-17845-89-6
Depósito Legal: MA-36-2020

Nota de la editorial: ExLibric pertenece a Innovación y Cualificación S.   L.

PAULA SILES SELLÉS

AMAR CON LOS OJOS ABIERTOS

Índice

A mi madre y a mi padre por su fe ilimitada.

A Julia por su apoyo perenne en todas y cada una de mis batallas.

A Rocío por su entrega e ilusión en este proyecto, y en la vida en general.

A mis amigas por ser mi familia cuando cruzo la puerta.

A Sandra y a todas aquellas personas que han sido inspiración en este hermoso camino.

A ExLibric por confiar en mí y darme la oportunidad de cumplir mi sueño.

ESO ES

Como un salto al vacío,
con el vértigo pegado a la piel,
las ganas ardiendo en dudas
y el corazón bombeando bien fuerte.

Como el temerario que se sube a la cuerda
por más que tiemble en el aire,
caminando con la pausa de quien sabe
que importa el recorrido y no la meta

Como el poeta que encuentra razones para sus versos
en medio de una sequía de emociones
y, al fin, pluma y papel cobran sentido
en el estallido de una risa.

Como el abrazo que salva al corazón de la guerra del alma,
ese beso mordido de deseo que despierta todos los sentidos,
la caricia que inicia la senda de la revolución
justo antes de que la pasión desborde.

El remedio a la tristeza y a la melancolía,
el perdón que llega a tiempo,
la entrega que rompe el pacto de la desconfianza,
el calor de unas manos que se erizan al rozarse…

Eso es el amor,
una mirada que grita en silencio en medio de tanta gente,

el regalo que no sabías que querías, pero al verlo comprendes todo;
el silencio que no incomoda y la palabra que acaricia
dos cuerpos que no entienden la idea de poder ser en otra parte.

LO QUE SIENTO AL VERTE

Si me preguntaran qué siento al verte,
creo que contestaría mi sonrisa
y mi temblor de manos,
y les diría que eres el último ejemplar de todos mis libros favoritos

Me gustaría contarles cómo emigré a tu corazón para poder salvar
al mío,
decirles que tu risa me ha alargado la vida
y que en cualquier otro planeta tu nombre seguiría siendo lo primero
que se me vendría a la cabeza.

Querría explicarles cómo lo cambias todo
y lo maravilloso que es que ni siquiera te des cuenta;
confesarles que mis miedos no son más que el terror constante
que se debe sentir si tú te vas,
pero que confío en tus promesas como un niño en Papá Noel.

Descifrarles el misterio que guardan mis zapatos
de que siempre quieren seguirte;
que sepan que cada día cuento los pasos hasta volver a verte,
porque es la única meta por la que correría toda mi vida.

Me encantaría que todos supieran cómo me miras
y los huracanes que provocas en mí cuando lo haces,
cómo atraviesas cada barrera con tu descarada forma de saberme
tuya

y esa sensación tan demoledora que siente mi pecho cuando tus
ojos se derraman.

Les hablaría también de mi torpeza en tu boca,
de cómo me delatan mis palabras cada vez que estoy herida,
de los sentimientos que se atragantan en mi garganta cuando tú te
derrumbas,
pero sobre todo les hablaría de la frivolidad que tiene todo lo que
no te hace reír.

Si tú me preguntaras qué siento al verte,
después de balbucear un par de palabras,
me reiría y te diría que es como tener cada día tu postre preferido
en la mesa,
escuchar esa canción que te hace olvidar el paso del tiempo,
leer esa novela que te cambió la vida,
pero que todo eso, comparado con verte llegar,
se ha convertido en una monotonía gris que solo tu luz enciende.

Deseo

Deseo tu cuerpo y tu boca,
tus manos que incitan a la locura,
tu risa que resuena por todos los pasillos,
recorriendo como un relámpago cada poro de mi piel.

Mis dedos anhelan tocarte,
desnudar tus verdades más absolutas,
mientras susurras a mi oreja que no me vaya
y te regale otra noche más.

Imaginarme tumbada a tu lado destroza mi tranquilidad
y me sumerge en un estado de frenesí incontrolable.
Por eso, espero agazapada en mi trinchera
la oportunidad perfecta para deshacerte las dudas.

Sé que no debo soñarte, ni pensarte
que el riesgo de tu indiferencia es tan grande como mis ganas de
que desaparezca,
que la distancia entre tu boca y la mía aún es demasiado incierta,
pero no me importa.
No me importa, porque al verte necesito sujetarme el corazón,
para que no salga corriendo a gritarte que te acerques un poco más,
que no aguanto el desasosiego de no saberte mía,
que podrías disfrazarte de mil formas distintas,
pero yo reconocería tu olor en cualquier parte.

Cuando te oigo reír, podrían pausar el reloj
para observar el milagro que produce tu dulce carcajada,
calando cada uno de mis vértices,
que cada vez están más y más deseosos de ti.

Ya sé que no lo sabes,
ni siquiera lo imaginas,
y supongo que, en parte, eso me gusta,
porque así puedo mirarte desde mi escondite mientras hablas
e imagino mil formas distintas de hacernos el amor.

Desearía tu olor pegado a mi piel cada instante,
encontrarnos cada noche como seres hambrientos
que ansían devorarse en cualquier rincón
y no paran hasta conseguirlo,
hasta que las pieles están tan entrelazadas que se confundan
y el aire desaparezca,
quedando como única necesidad vital el saber amarnos.

LO SALVAS TODO

Tu risa cargada de sal
va curando una a una mis heridas,
cosiendo mis raíces a tu boca
para que así nunca me vaya.

Tú, inocente a mis latidos,
que bombean tus caricias y me saben
a ese río que desborda en tus caderas
cuando subo temblorosa por tus carnes.

Bailaría en tu mirada cada noche
con la fe que en tus manos deposito,
creyente de tus modos y manías,
derrotada por tus pecados capitales.

Aún te recuerdo destrozando mi caos
con la belleza que solo el amor conoce,
aferrada a los pliegues de mi espalda,
donde ahora eres tan tú cada mañana.

Ya imagino mi presente en tu futuro
con el único pretérito de reinventarnos,
con la suma de los años que restamos,
con el alma entrelazada ya sin dudas.

Eres lo tangible de lo etéreo,

el beso que resucita los sentidos,
el miedo que no supera a las ganas de hacerlo,
el tratado de paz de la guerra de mi intimidad.

Y balbuceo todas estas palabras en un papel mientras tú duermes,
observándote en la calma que te ofrece mi pecho,
confesándome humana mientras el corazón grita
que tú lo salvas todo.

¿QUIÉN QUIERES SER TÚ?

En el resbalar del tiempo
he conocido personas que son lugares,
playas desiertas invadidas por el silencio de la noche,
puertos de pesca donde echar el ancla y soltar el timón.

He conocido personas que son estaciones,
primaveras que se derriten dando paso a un verano angosto,
otoños con las hojas y el amor caídos,
inviernos utópicos en los que el calor de un abrazo lo enciende todo.

He conocido personas que son relojes,
algunos de arena, que se deslizan por el cristal viendo llegar su hora;
otros de sol, siempre emitiendo energía para dar cuerda a los demás,
pero también parados, con las manecillas clavadas en la hora en que
se fue.

He conocido personas que son hogares,
apartamentos de pocos metros cuadrados y numerosos círculos
viciosos,
mansiones de lujos y aplausos, pero de paredes frías y sin vida,
casitas de madera donde los besos alimentan el alma.

He conocido personas que son viajes,
esa primera vez que sales de tu pueblo y te sientes ciudadano del
mundo,
las vacaciones de verano al bajar la ventanilla y sentir ese olor a sal,

la escapada que le das a tu corazón para que siga latiendo en otra
parte.

Y ahora que nos conozco
te digo que he conocido a personas que son pájaros,
volando siempre alto, con el miedo olvidado en el último nido,
con las alas abiertas y el corazón lleno de libertad.

DESDE EL CORAZÓN

Desde el corazón quiero decirte
que podría darte las gracias,
regalarte cada mes su mejor flor,
confesarte mis secretos más oscuros.

Quizás podría dejar que a tu antojo
hicieras de mí lo que quisieras;
darle mil excusas al reloj, para quedarme un poco más contigo;
escribirte en cada canción como la musa perfecta.

Podría dejar que clavaras esa bala en mi pecho
y me atravesaras el alma;
hacer como si nada cuando los años pasen
y tu pelo y tus manos se vuelvan del color del ayer;
besar tu rostro mojado por la lluvia
y decirte que, aun así, en tus ojos sigue siendo primavera.

Podría, o más bien querría, amarte toda mi vida;
expulsar mi último aliento con tu nombre en un suspiro;
mirarte cuando el cuerpo pese y a mis brazos les cueste apretarte
entre ellos.

Podría regalarte un anillo que signifique una promesa;
darte entre tanto caos que soy yo el orden que tú necesites;
escucharte cada noche cuando llegues cansada
y me cuentes que solo en mí encuentras la paz.

Podríamos recorrer cada parte del mundo y de tu cuerpo;
hacer el amor hasta que sudemos como un día de verano;
unirme a tu piel y a tu corazón, y besarnos en cada farola hasta que
nos vea la luna.

Podría hacerlo, sí.
Dejarlo todo en manos de una posibilidad incierta,
esperar a que el azar me arrope con su manto,
confiar en que el destino va a ponerlo todo en el lugar que anhelo.

Pero contigo sería imposible echarlo a suertes,
hacerlo todo por mera probabilidad,
porque te has convertido en mi única verdad absoluta,
porque ninguno de mis versos podría entender todo lo que pienso
darte.

TODO ESTO ES PARA TI

Entre mis ojos y tu boca
he tejido un firmamento
con los sueños que me robaron,
con las prisas que me exigieron.

Hoy me desperté sudando tus manías,
enmudeciendo tus recuerdos,
con más flores en el pecho que de costumbre,
con la ilusión de ese niño la mañana de Reyes.

Y, ahora, mis manos se hunden,
se entremezclan en el barniz de tu desnudez,
se pierden como lo hacen mis ojos al verte,
me gritan como lo hace mi voz al soñarte.

Porque el amor no es más que una duda ardiendo,
es el miedo cayendo por el precipicio,
la sed calmada por un sorbo de agua,
el hambre que sintieron mis labios al rozarte.

Y seguirán temblando las piernas,
y volverán a caerse las hojas,
y yo te pediré otra vez que me cantes esa canción,
y tú me reirás la torpeza con que te tuve esa primera vez.

Quizás escribía antes de que llegaras. Ya no lo sé.
Quizás yo también amé a otra risa y a otra piel.
Puede que mis versos acariciaran otras bocas,
puede que mis ojos se derramaran con otra hiel.

Pero ahora todo es diferente, hasta yo.
Porque te juro que el corazón me arde,
que desde esta ventana te enseñaría cada esquina de mi alma,
que en la orilla de tu mar naufragaría hasta que el agua me tragase.

Y hoy quiero darte los mejores días de mi vida,
recorrerte de punta a punta para rimar en tus lunares toda mi
poesía,
contagiar con nuestra risa a toda la ciudad,
rescatarte de las garras de esos miedos que te siguen de cerca.

Todo esto es para ti,
por desenredarme las caricias que tenía guardadas,
por recordarme que los muros están para derribarlos,
por enseñarme que las estrellas solo brillan si sabes con quién
mirarlas.

HOGAR

Hace tiempo soñé con un lugar para llevarte a vivir.
Estaba lleno de senderos con la forma de tus caderas
y, a lo lejos, los pinos trepaban al cielo
como lo hago yo cuando me tocas.

Podíamos ver el mar desde la ventana,
y allí te conté todo eso que me da miedo
y nadie sabe.

Los pájaros de mi cabeza volaban a tu alrededor
y entre melodías te cantaban
lo que con la voz yo no me atrevo a decirte.

Te sentaste en mis rodillas
y yo empecé a besarte el corazón.
Con las manos manchadas de ganas y sueños
construí una casita donde tú siempre quisieras volver.

No podías verla, ni siquiera tocarla,
pero si te acercabas a mi pecho,
la sentías tan dentro que no te cabía duda
de que ahí estaba tu hogar.

Te lloré y te reí,
y durante el rato que disfruté contigo en ese sueño,
me di cuenta de que al abrir los ojos,
solo querría cumplirte.

Hace tiempo soñé con un lugar para llevarte a vivir,
y estaba en mi corazón.

¡QUÉ BONITO!

¡Qué bonito cuando me besas
y me recorre toda esta electricidad que nos une!
Cuando me dejas petrificada en la puerta de tu boca
y me siento desnuda e indefensa cuando atraviesas esa línea.

¡Qué bonito cuando me amas!
Notar las yemas de tus dedos acariciando mi intimidad,
estremecerme con el roce de todos tus sabores,
dártelo todo sin querer nada a cambio.

¡Qué bonito cuando tu corazón ríe!
Cuando provocas a mi alma para que solo desee amarte,
la ética que siente mi pecho de serte fiel sin grietas,
fidelidad más allá de la piel, más allá de los cuerpos.

¡Qué bonito cuando me abrazas!
Cuando te lanzas sobre mí y apartas toda la tristeza,
porque haces de este mundo algo mejor
y consigues que hasta yo sienta que tengo un lugar donde refugiarme.

¡Qué bonito tu ser entero!
Sería muy ignorante si dijera que solo lo es tu cuerpo,
tendría la ceguera que todos padecen ante el amor de verdad,
ese que despierta los sentidos y duerme los demonios.

¡Qué bonito cuando te vi!
Conocerte me enseñó que las heridas pueden dejar de doler,

que tenemos miedos que ni siquiera imaginamos,
que las dudas no son más que la señal previa a sentirte segura.

¡Qué bonito escribirte!
Tejer una sábana en la que tú siempre puedas arroparte,
y que esa tela esté llena de cada emoción que quiero regalarte.
¡Sinceramente, eso sí que es bonito!

¡Qué bonito querer quererte siempre!
Que tú temas mi partida como yo temo a cosas imposibles,
porque lo realmente bonito lo resumo en ti
y en esta sensación tan indescriptible de tu existencia junto a la
mía.

MIENTRAS NOS QUEDE TIEMPO

Pasarán las estaciones,
avanzarán las manecillas de este viejo reloj;
las hojas caerán y volverán a crecer,
y mi pelo no será más que todos tus recuerdos clavados en mi sien.

Seremos el paso del tiempo
sentadas frente al mar, viendo las olas romper.
Me mirarás con el miedo de quien teme la cuenta atrás
y yo te besaré con la misma dulzura que aquella primera vez.

Pero hasta entonces
quiero viajar por todas tus columnas,
recorrer tu panteón y tu teatro romano,
escalar el Teide que escondes bajo tu vientre.

Hasta ese momento
te agarraré bien fuerte de la mano,
volaremos a los lugares donde nadie más se amó
y te pediré que te quedes a pesar de este desorden.

Mientras me queden minutos,
voy a regalártelos todos;
haré una sinopsis de tu cuerpo sobre el mío
y escribiré en tus lunares la mejor de mis historias.

Siempre que nos queden ganas
lucharé por ti en cada batalla hasta ganarte,

dejaré que los años te hagan lo que al vino
y te prestaré mi espalda cuando llegues cansada.

Mientras nos quede tiempo,
haré de tu roce una eternidad
para que tu olor nunca se acabe
y entiendas que yo no hago tratos con el reloj
desde que tu risa estalló en mi pecho.

VOLAR CONTIGO

Vuelo, vuelo cada vez que me tocas
y cada vez que te ríes.
Vuelo entre las sábanas que cubren tu cuerpo desnudo
y planeo en las curvas que te definen
para aterrizar en tu pecho.

Vuelo cuando tu voz susurra en mi oído,
cuando tus ojos me dejan clavada buscando los míos.

Vuelo para verte desde arriba
y contemplarte desde todos los ángulos posibles.
Y, entonces, me dejo caer
para que tus miedos sean los que vuelen
y yo ocupe ese pedazo de tu corazón que antes temblaba.

Y te tengo entre mis manos,
y te juro que borras todas mis penas.

Porque estalla mi cabeza cuando suena tu risa;
porque mis pies han dejado el vuelo
para pisar el suelo que tú pisas;
porque cuando tú estás,
la primavera es la única estación que conoce mi cuerpo.

SI LA POESÍA ACABASE

Hoy he pensado en qué pasaría
si la poesía acabase,
si los versos derramaran de mi boca para siempre,
si los días terminaran sin sentir que la pluma libera mi alma.

Entonces he recordado
que la poesía está en tu boca tan cerca de la mía,
que ya no hay aire, que solo hay ganas.

He pensado en ti, en mí,
en esta forma tan verdadera de amarnos,
en las horas que paro mi vida en tus ojos
para entender por qué estoy aquí.

He temblado cuando he sentido tus manos rodeándome,
inundando mi pecho,
y he sabido que la poesía no tiene fin,
mientras mi piel sobre la tuya no pare de reír.

Porque nada sabe mejor que este sueño
que vivo despierta a tu lado;
nada me hace olvidar que tú estás clavada en mi sien,
en cada recuerdo que puebla mi cuerpo pensando en besarte,
que la poesía no es más que este latir inmenso que bombea entre
nosotras.

MUJER

Mujer,
tú, que eres madre,
abuela
y hermana;
tú, que eres creyente,
paciente
y sabia;
tú, que estás casada,
ama de casa
y del mundo.

Mujer,
tú, que no quieres hijos
y eres humana,
y amas;
tú, que eres atea,
impredecible
y sensata;
tú, que estás soltera,
fuera de casa,
persiguiendo las ganas.

Mujer,
tú, que no lo tienes claro,
que aún estás buscándote,
sin prisa por encontrarte;

tú, que capeas la tormenta,
te derramas cuando cae la noche,
tan valiente de mostrarte;
tú, que estás enamorada de su alma,
sin importar su cuerpo.

Mujer,
tú, que eres libre de elegir,
de pensar,
de sentir;
tú, que peleas por cada derecho robado,
por extirpar el daño que la sociedad te inyecta;
tú, que no te rindes por más normas que te impongan.

Mujer,
hoy quiero decirte
que es un orgullo luchar tu guerra,
ganar tu batalla
y levantar tu pelotón.

Mujer,
sé la que te dé la gana de ser,
que te queda preciosa la libertad en la piel.

PARA QUEDARTE

Quizás sea el paso del tiempo
el que te muestra débil ante mí,
con las puertas abiertas de par en par
esperando mi regreso.

Seguro que no sabes
que siempre soñé con dormirme entre tus brazos,
que siempre esperé recordarte en cada viaje al ayer,
que cada vez que no estabas me derramaba en silencio.

Ahora nos miro y vuelvo a reconocernos.
Veo a aquella niña de cinco años corriendo hacia ti,
a ese hombre con la sonrisa más bonita que había visto,
al reflejo de lo que creamos ingenuos del mañana.

Algún día te contaré el miedo que tuve a que no volvieras,
te diré cuánto añoré tu simple presencia a mi lado,
cuántas veces fallé para ver si así tú no lo hacías,
cuánto tiempo esperé que me abrazaras y lo supieras.

Si quiera imaginarás mi admiración,
cómo mis palabras, por más que han querido, no han podido odiar-
te,
los momentos de rabia por no ser quien tu esperabas
el peligro tan afilado de sentir que nunca es suficiente.

Hoy, casi recuperada de tu herida,
entendí que solo tú y tu despertar podían sanarme,
que nadie tenía el poder de hacerme olvidar el grito de mi sangre,
que mis intentos fallidos por callarte eran inútiles en cuanto abría
los ojos.

Quiero que sepas que te he perdonado,
y que me he perdonado,
que ya no lloro cuando me hablan de ti,
que he olvidado las razones por las que tiré todas tus fotos.

Puedo decirte que me siento orgullosa de nosotros,
porque quince años no han sido suficientes para apartarte de mi
corazón,
porque ahora somos quienes queremos ser, y nos queremos siendo
así,
porque te he llorado, pero ahora te río y se me electrifica todo el
cuerpo.

Y un día habrá en mí una pequeña gran revolución,
me mirará y verá el espejo de todos sus sueños,
pensará que siempre tendrá un lugar donde querer volver,
se sentirá en casa cuando le arrope entre mis brazos.

Y tú, aunque no lo digas,
con más canas que de costumbre,
me recordarás, llenándolo todo de vida,
pintando cada esquina de esa casa con mi ilusión.

Y entonces sabrás que esta vez
no quieres perdértelo ni perderte;
vendrás a sentarte a su lado y me mirarás,
y yo sabré que has venido para quedarte.

LIBERTAD

Es hermosa la palabra «libertad»
en todas sus facetas y vertientes,
pero más hermosa es la sensación que produce al corazón
de estar en medio del mar en total descanso.

¡Qué sincera la libertad!
Pues solo se puede ser libre si posees la verdad,
no la absoluta ni la omnipotente,
pero sí la que teje los hilos de tu pasado.

¡Qué romántica la libertad!
Pues la entrega total del alma ha de ser libre
de condiciones, de resentimientos,
ya que solo entonces puede amarse con los ojos abiertos.

¡Qué alegre la libertad!
Pues lejos queda la tristeza cuando navegamos en calma,
cuando no esperas nada, porque prefieres buscarlo todo,
y sientes la belleza reflejada en tu mirada, que ya no está cansada.

¡Qué generosa la libertad!
Te ofrece la paz sin pedir nada a cambio,
te da la bravura que necesitan las grandes hazañas,
es esa risa pegada a tu pecho siempre dispuesta a estallar.

¡Qué bonita la libertad!
Tesoro frágil y voluble,
deseo ferviente de cualquier alma despierta,
emoción exponencial directamente proporcional a la vida.

LO CIERTO ES…

Lo cierto es que he querido
a personas que nunca lo hicieron,
me he entregado sin pedir nada a cambio
y sin más, eso fue lo que obtuve.

Cualquier tipo de amor puede destrozarte
y, con esa granada a punto de explotar,
debes intentar salvar tu vida.

He perdido conocidos en el camino,
extraños que por un tiempo consideré cercanos;
he presenciado la envidia y he bailado con el odio
y solo puedo decirte que, una vez dentro, arrasan con todo.

He llorado por gente que no lo merecía,
he luchado por el bienestar de vínculos inexistentes.
Hoy miro las fotos y siento la inocencia en mi pecho
de aquella niña que creía poder salvarlo todo.

Pero el tiempo pasa y los corazones siguen girando.
Las heridas se vuelven historias divertidas que contar,
el pasado no es más que todas las sumas que hiciste para llegar al
resultado
y, aunque nada es igual, ahora solo esperas que nunca vuelva a
serlo.

CUANDO SE ECHA ALGO EN FALTA

El vacío inmenso de los cuerpos,
el peso de la soledad en tu ombligo
taladrándote el seno,
la precaria emoción que se siente
cuando se echa algo en falta.

El grito voraz de mi pecho
cuando vuelve a soñarte,
la duda constante entre espada y pared
sin saber para qué lado decantarse.

No sé a dónde voy,
pero sí de dónde vengo
y allí estuviste conmigo bailando entre risas,
tú menos confiada que ahora,
yo más completa abrazándote.

Todo aquel que te acaricia el corazón
está destinado a tener ese poder para siempre,
por más kilómetros que te separen
o por más daños que nos enfrenten.

Y tú conseguiste hacerlo:
permití que te acercaras tanto que podía confundir tus ganas con
las mías;
me agarré a tus manos como a un clavo ardiendo,
sin entender que quería vivirte con calma.

Me equivoqué,
y no hay miedo en mis palabras al reconocerlo.
Lo único que queda en ellas es tristeza
por mi torpe manera de decirte que no sabía cómo hacerlo.

Y ahora solo pienso en lo fácil que sería para mí arroparte;
que el tiempo me ha curado, pero no tu herida;
que me encantaría contarte lo mucho que he extrañado ser yo
contigo;
que he pensado tanto en cómo explicarlo que mi mirada serviría
para que lo entendieras

Ya no quedan excusas en mis poemas.
Hoy puedo serte sincera por primera vez en mucho tiempo
y quería decirte que es un placer conocerte,
y reírte,
y quererte.

Ha sonado el reloj y es la hora de la verdad,
de las nuevas oportunidades,
de que el perdón se acuerde de nosotras,
y este recuerdo que tengo clavado en la retina solo piensa en ti y en
hacerse realidad

ESPERÉ TANTO DE TI

Esperé tanto de ti,
de tus abrazos y tus besos,
de esa sonrisa que nunca llegaba a tiempo,
de aquel espejo donde me miraba esperando encontrarte.

Esperé cada día
a que no fuera como el anterior;
me senté y te conté lo que me hacía perder el sueño,
pero ninguna de tus palabras pudo arreglarlo.

Esperé al cambio,
a la absurda indiferencia que me regalabas
y me quedé clavada en un suspiro
que resultó eterno.

Esperé como quien espera al sol,
que viene a iluminarlo todo,
pero luego se va
y solo queda el vacío de su oscuridad.

Esperé un perdón antes de que anocheciera en mi reloj;
anhelé que tu orgullo perdiera la batalla contra mi fe
y, de tanto esperar, recordé que ya no sabía quién eras.

Esperé con todas mis fuerzas
haberme vuelto loca,

que tuvieras mil razones
y pudieras hacerme creer como lo hacías.

Pero eso nunca ocurrió,
y ahora ya nada espero,
porque el tiempo, que siempre fue tu enemigo,
me demostró que no se puede añorar lo que nunca existió.

Caída libre

Mi piel se escama
esperando la sal de tus manos,
reclamando que desaparezca el sopor
que separa tu cuerpo del mío.

Necesito tenerte,
anhelar tu llegada intermitente a mis labios,
desear tu risa como el remedio a toda esta tristeza,
empujar por el barranco esta indiferencia que nos ahoga

Tus ojos ya no gritan nada,
o yo no los escucho, porque ya no sé oírte,
ni sé cantarte en medio de tanta gente
esa canción que mis oídos no pueden reconocer.

Te espero sentada en el mismo lugar de siempre,
pero ya nada es como antes:
tú, tan lejos de este espacio que fue hogar;
yo, tan incapaz de decirte que mis manos ya no te tocan.

Tengo miedo de despertar mañana y que te hayas ido;
de que la historia que escribimos sin apenas darnos cuenta ya no
exista;
de que tu recuerdo solo sea un espejismo de algo que una vez me
hizo feliz.

Pero, amor, por encima de todas las cosas lo que más me aterra es
que no me importe.

Ojalá pudiera parar el tiempo y preguntarte por qué lo hiciste,
por qué nos dejaste caer de esa forma tan cruel,
por qué ya nunca estás aquí en mi cabeza ni en mi corazón,
por qué has permitido que yo, que me juré quererte siempre, ahora
te mire
y no pueda cumplir mi palabra

AHORA QUE NO ESTÁS

Te echo tanto de menos que,
cuando pienso en nosotras,
extraño hasta el vacío que dejaba tu cuerpo
al marcharse cada mañana.

Ahora que me enfrento al precipicio de tu soledad,
comprendo el delirio que se sufre con las ausencias involuntarias,
el dolor que atraviesa el seno de lado a lado
cuando se escucha el silencio de un amor marchito.

Ahora que no estás
y que yo no me encuentro,
me siento en nuestro rincón a esperarte,
mientras las horas me recuerdan que no vas a volver.

Siempre soñé con deshacerte los malos momentos,
mientras tu dormías;
con abrazarte tan fuerte que al desaparecer,
aún notaras mi abrazo
y no soportaras el sabor de mi ausencia.

Tuve la fe de un creyente
y el valor de un soldado;
deposité en tus manos todos mis anhelos,
y vi como caían directos al barro.

Y aún hoy puedo decirte que no te he olvidado,
que convivo en una guerra constante entre mi supervivencia y tu
recuerdo,
que tus palabras siguen clavadas en mi memoria,
taladrándome la piel,
que despierto cada día con la esperanza de que aparezcas,
y esta vez decidas quedarte.

NO TE HAS IDO

Realmente no te has ido
sigues estando en mí cada mañana,
cada minuto,
pero me acompañas en silencio.

Un silencio tan desgarrador
que no me deja escuchar nada más,
solo este vacío.

Querría explicarte la manera en que me hace sentir tu ausencia,
lo difícil que está siendo ser sin ti
y hacer como si nada,
como si toda esta tristeza no fuera un tsunami a punto de tragarme.

Te contaría que pienso en abrazarte más veces de las que me gusta-
ría;
que extraño cada parte de tu cuerpo y de tu alma;
que todas esas manías, que antes no conseguía entender, ahora me
besan la mejilla,
recordándome que echarte de menos me produce un frío aterrador.

Ya no me quedan ganas ni fuerzas para perseguirte.
Tu recuerdo es algo con lo que he aprendido a convivir,
mientras espero con calma que pase rápido este hastío
que me provoca la bala de tu indiferencia.

Siempre he tenido miedo a escribirte
cuando ya no estuvieras,
porque solo así sería real que te has marchado
y que tu billete de vuelta está pendiente de un hilo que no me atre-
vo a cortar.

Me encantaría decirte que nunca el amor me había parecido tan
distante;
que vivo con una mano en el cuello que se debate entre seguir apre-
tando o dejarme caer;
que este dolor lleva tu nombre en el reverso
y que cada beso ahora parece una herida.

HICIMOS UN TRATO

Me pediste que te olvidara,
que borrara los recuerdos como quien se deshace de lo que ya no
sirve;
que tu boca ya no seguiría el rastro hasta mi pecho;
que, quizás, solo habías sido el consuelo de mi imaginación.

Te pedí que te quedaras un poco más,
que me dieras la oportunidad de retrasar este vacío;
deseé con todas mis fuerzas que te equivocaras,
que me echaras tanto de menos que hasta respirar doliera.

Pero ni tú ni yo fuimos capaces de cumplirlo:
yo te esperaba demasiado
y tú me extrañabas tan poco
que aquel silencio terminó por sentenciarnos.

Necesité un momento para desenredarme
antes de entender que no volverías;
me quedé con las manos salpicadas de rabia y miedo
y derramé aquel odio sobre tu recuerdo.

Pero llegó un día en el que ya no te escuchaba:
tu risa había dejado de sonar por todas partes,
tus manos ya no eran esa tela hecha a mi medida,
tus ojos ya no eran el mar donde me gustaba perderme.

Fue ahí donde descansó mi dolor;
mi corazón regresó bombeando con más ganas que de costumbre;
volví a sonreír sin la intención de esconder el llanto
y entonces comprendí que una de las dos había cumplido con su
parte del trato.

MI MAYOR ENEMIGA

Respiro los miedos tan cerca
que, a veces, me asusto con mi sombra,
esa cargada de sueños y recuerdos,
que aún sigue temiendo echar a volar.

No soy más que la inseguridad que queda ante ti
cuando me desnudas.
El disfraz se deshace entre tus manos
y, si unes cada lunar,
podrás formar las palabras que no me atrevo a decirte.

Y no sé hacerlo,
no sé subirme a ese escenario sin que tiemblen mis piernas;
no sé leerte este poema sin que mi voz se deshilache,
quedando en un hilo;
no sé superar esta barrera que ataca lo más profundo de mi ser

Me sigo esperando a mí y a mi valor escondido tras el árbol de mi
cuerpo,
quiero gritar este deseo con raíces tan clavadas
que sangro cada vez que le niego el sonido a mis versos.

Pero ahí estás tú,
inmune a toda esta cobardía que me rodea.
Contigo esta chica de pocas palabras puede soñar,
porque las luces se apagan cuando tú eres el único público
que queda en la barra de este bar.

Desconozco el momento y el lugar,
la hora exacta en la que logre vencerme;
aún no sé qué me pondré encima de estas ganas inmensas de con-
seguirlo:
pero sí sé una cosa:
sé que estarás,
y sé que yo, por fin, estaré a la altura
de unas circunstancias que hoy no puedo entender,
pero que ese día sentiré tan mías
que este abrazo, que ahora resulta forzado,
se reconciliará con mi espalda para arroparla ausente de miedos.

www.ingramcontent.com/pod-product-compliance
Lightning Source LLC
LaVergne TN
LVHW041438170726
843492LV00008B/2676

9 788841 784589 6